DESAYUNOS Y CENAS SALUDABLES PARA BAJAR DE PESO RÁPIDO

Descripción + Tabla Nutricional + Ingredientes + Preparación y Mucho Más...

Comer bien no se logra solo a base de ensaladas sino de una **dieta equilibrada y variada**. Es importante que los platos resulten también atractivos en cuanto a colores y olores (por supuesto, sabores).

Además, debemos quitarnos de la cabeza que los platos no pueden tener grasa, las hay buenas que aportan a nuestro organismo. **Reduce el aceite y úsalo preferiblemente en crudo** (cocinar o aderezar con una cucharada de aceite de oliva virgen es suficiente). Pescados y frutos secos también tienen grasas saludables.

INDICE

DESAYUNOS Y CENAS SALUDABLES PARA BAJAR DE PESO RAPIDO ____4

PARA EMPEZAR: ENSALADA CON NARANAJA, QUESO Y PISTACHOS ____6

ENSALADA SENCILLA Y SALUDABLE CON AGUACATE _______8

CARPACCIO DE PEPINO CON SARDINAS ________________10

RECETA SALUDABLE: CREMA DE GUISANTES ____________12

CREMA DE ZANAHORIA _______________________________14

UNA RECETA HEALTHY MUY ORIGINAL: PURÉ DE COLIFLOR ____16

¿TE APETECE PASTA? PRUEBA ESTA CON AGUACATE Y ALBAHACA ____18

PASTA CON JAMÓN, ESPÁRRAGOS Y ALCACHOFAS________20

ENSALADA DE ARROZ ________________________________22

HUEVOS REVUELTOS CON ESPÁRRAGOS VERDES Y TIRAS DE JAMÓN ____24

ENSALADA DE GARBANZOS CON ATÚN __________________26

POLLO SALTEADO CON VERDURAS Y ALMENDRAS________28

CALAMAR CON VERDURAS ____________________________30

RAPE CON SALSA DE ALMENDRAS______________________32

NO RENUNCIES A UN POSTRE QUE MEJORE TU SALUD ____34

MILHOJAS DE FRUTAS ________________________________36

DESAYUNOS Y CENAS SALUDABLES PARA BAJAR DE PESO RAPIDO

Comer bien es posible. Estas recetas sanas lo demuestran. Sin demasiadas complicaciones y con ingredientes que seguramente tengas.

Toda ración que tomemos debe contener verduras en su mayoría y proteínas y carbohidratos. Para que te resulte fácil visualizarlo, sin tener que estar pesando, en un plato llano grande (de 23 cm de diámetro aprox.), **la mitad deben ser** verduras, **y de la otra mitad, dividida en dos partes una corresponde a hidratos de carbono y otra a proteínas**.

- Las proteínas están en huevos, carne o pescado, siempre en variedades que tengan la menor grasa posible. Y no las combines entre ellas. Elige solo una. Las proteínas de origen vegetal (legumbres) son una buena opción para combinar con las primeras.

- Los hidratos de carbono complejos te aportan energía (cereales como el pan, pasta, arroz, cuscús, quínoa... o alimentos ricos en fécula como las patatas).

Evita los cereales refinados, mejor la opción integral para que aporte fibra, lo que ayuda a estimular el tránsito intestinal. Y las patatas mejor cocidas o asadas (no fritas que son muy calóricas). Cortadas en bastones y hechas al horno recuerdan a las fritas.

1.

PARA EMPEZAR: ENSALADA CON NARANAJA, QUESO Y PISTACHOS

Empezamos con unas ensaladas para seguir con cremas, platos para mejorar la salud con huevos, pasta, carne, verduras y pescados. ¡Ah! Y nos olvidamos de los postres. Esta **ensalada** con naranja, **queso de cabra y pistachos**, estos aportan vitamina B1 y vitamina B6, riboflavina, vitamina

E, vitamina K y ácido fólico. Si no tienes, sustitúyelos por otro fruto seco.

INGREDIENTES: 4 PERSONAS / 20 MIN
200 g de escarola
50 g de rúcula (sustituye escarola y rúcula por la lechuga que tengas)
2 naranjas
300 g de rulo de queso de cabra (rebaja calorías con queso fresco)
50 g de pistachos
5 cucharadas de aceite de oliva virgen
1 cucharada de vinagre de jerez
Sal
Cebollino (opcional)

PREPARACIÓN:
1. Trocea, lava y seca la escarola. Lava y seca la rúcula.
2. Corta una naranja y media en gajos y retira la piel. Exprime la mitad restante para extraer el zumo.
3. Lava, seca y pica el cebollino.
4. Pela y pica los pistachos.
5. Prepara la vinagreta mezclando cuatro cucharadas de aceite con el vinagre, dos cucharadas de zumo de naranja, una pizca de sal y dos cucharadas de cebollino picado.
6. Retira la corteza del rulo de queso de cabra, corta el queso en trozos, úntate las manos con aceite para formar bolitas y rebózalas con los pistachos picados.
7. Reparte los ingredientes en los platos y aliña con la vinagreta.

2.

ENSALADA SENCILLA Y SALUDABLE CON AGUACATE

Fresas y **aguacates** son los ingredientes estrella de este plato que mejora la salud porque las primeras aportan vitamina C, entre otras, y los segundos son el conocido como "oro verde". Su potasio ayuda a reducir la presión arterial.

INGREDIENTES: 4 PERSONAS / 35 MIN

1 bolsa de brotes tiernos
8 fresones
32 fresas
16 tomates cherry
1 aguacate
1 dátil
1/2 limón
1 naranja
1 cucharada de aceite de oliva
1 cucharada de semillas de amapola
Pimienta negra recién molida

PREPARACIÓN:

1. Exprime la naranja y mezcla su zumo, el aceite de oliva, el dátil sin semilla y un pellizquito de pimienta negra recién molida en la batidora. Bate hasta obtener una mezcla suave y añade las semillas de amapola al final.

2. Pela el aguacate, retírale el hueso y corta su pulpa en cubitos de unos 2 cm. Rocíalos con zumo de limón para que no se oxiden.

3. Corta los tomates cherry en mitades y los fresones en mitades o cuartos, dependiendo del tamaño que tengan.

4. Monta los platos. Divide mentalmente el plato en 4 partes, como si fuera la esfera de un reloj, y pon en una los brotes tiernos de ensalada, en otra los tomates, en otra los fresones y en otra el aguacate. Decora la ensalada con las fresas y acompáñala de la vinagreta de naranja con semillas de amapola.

3.

CARPACCIO DE PEPINO CON SARDINAS

Una receta para el confinamiento que mejora la salud y te cuida porque el pepino aporta fibra, vitaminas del grupo B, C, E y A y contiene importantes minerales como el hierro, el calcio, el fósforo, el magnesio y el potasio.

INGREDIENTES: 4 PERSONAS/ 35 MIN

2 pepinos
12 sardinas limpias y partidas en filetes (puedes usar sardinillas en conserva)
75 g de queso de cabra o feta
1 limón
Pimienta
Para la vinagreta:
6 cucharadas de aceite de oliva
2 cucharadas de vinagre de Jerez
Alcaparras
1 ramita de menta
Sal

PREPARACIÓN:

1. Lava las sardinas, ponlas en una fuente y rocíalas con el zumo de limón. Tápalas con film transparente y déjalas macerar en la nevera durante 3 h. Puedes optar por sardinas o sardinillas en aceite o limón en conserva.
2. Mientras, prepara la vinagreta: bate el aceite con el vinagre y una pizca de sal hasta obtener una salsa. Añade la menta picada y 2 cucharadas de alcaparras.
3. Lava el pepino, córtalo en rodajas finas (con cuchillo y paciencia o con mandolina) y colócalas en un plato, superponiéndolas.
4. Escurre las sardinas, trocéalas y añádelas.
5. Aromatiza con pimienta, aliña con la vinagreta y sírvelo espolvoreado con el queso.

4.

RECETA SALUDABLE: CREMA DE GUISANTES

Las cremas son perfectas para invierno y verano. Puedes aprovechar para hacer cremas saludables con las verduras que tengas en el **frigorífico**. Los guisantes son una fuente de proteína vegetal y numerosos minerales y **previenen las enfermedades del corazón** gracias a su contenido en luteína, que reduce colesterol.

INGREDIENTES: 4 PERSONAS / 40 MINUTOS

600g de guisantes
2 patatas
2 puerros
30g de mantequilla
100g de gorgonzola
2 rebanadas de pan de hogaza
2 cucharadas de piñones
2 cucharadas de aceite de oliva
Perejil
Sal y pimienta

PREPARACIÓN:

1. Pela las patatas y córtalas a rodajas.
2. Limpia los puerros y córtalos en discos.
3. Corta el pan a daditos y tuéstalo en el horno, 10 min a 180 ° (opcional).
4. Tuesta los piñones en una sartén, a fuego suave.
5. Calienta la mantequilla en una olla y añade el puerro. Póchalo a fuego suave durante 10 min. Luego, añade la patata y los guisantes, cúbrelos con 1 litro de agua, tápalos y cuécelos 20 min.
6. Salpimenta y tritura.
7. Sirve la crema bien caliente, acompañada del pan, los piñones, el gorgonzola a dados y un chorrito de aceite de oliva.

Puedes optar por usar guisantes en conserva, solo salteándolos pero sin tener que hervirlos en agua. Acompaña la crema solo con un chorro de aceite y, si tienes en casa, unas semillas de chía.

5.

CREMA DE ZANAHORIA

Anota esto: las zanahorias son ricas en vitaminas (C, E, B3, B6, B1, B2); carotenos, retinol y ácido fólico. ¿Te parece preparar una crema con ellas?

INGREDIENTES: 4 PERSONAS / 20 MINUTOS

1/2 kg de zanahorias
1 cebolla
2 naranjas
60 g de mantequilla
1 cucharada de harina
400 ml de caldo de pollo
100 ml de nata líquida
50 g de queso parmesano rallado
20 g de piñones
Sal
Pimienta

PREPARACIÓN:

1. Pela la cebolla y las zanahorias, y trocéalas. Rehoga la primera en la mantequilla 2 min. Añade la zanahoria, espolvorea con la harina, vierte el caldo, salpimenta y cuece 10 min.
2. Pica los piñones y mézclalos con el queso. Forma los crujientes de queso fundiendo 4 cucharadas de la mezcla en una sartén. Haz 8 crujientes. Este paso es opcional, prescinde de él si no tienes ingredientes o si no te quieres complicar.
3. Tritura la verdura, añade el zumo de las naranjas y la nata a la crema de zanahoria, ajusta de sal y remueve.
4. Reparte la crema en 4 cuencos y sírvela decorada con los crujientes de queso y piñones.

6.

UNA RECETA HEALTHY MUY ORIGINAL: PURÉ DE COLIFLOR

La coliflor (una verdura de la familia del brócoli, romanesco, repollo o col) es saludable por sus nutrientes, que ayudan a reducir el riesgo de padecer varias **enfermedades. Tienen pocas calorías.**

INGREDIENTES: 4 PERSONAS / 20 MINUTOS
2 patatas
200 g de coliflor
70 g de judías verdes
100 g de salmón ahumado
4 cucharadas de yogur griego
Eneldo picado
50 g de mantequilla
1 pizca de nuez moscada
Sal
Pimienta

PREPARACIÓN:
1. Limpia la coliflor, lávala y sepárala en ramitos.
2. Pela las patatas y trocéalas. Cuece las patatas y la coliflor en agua salada 15 min. Escurre, aplasta y mezcla con la mantequilla, el eneldo, la pimienta y la nuez moscada.
3. Limpia las judías, córtalas y cuécelas en agua con sal 12 min. Escúrrelas y mézclalas con el puré.
4. Rellena con el puré un aro de repostería sobre un plato. Presiona ligeramente con el dorso de una cuchara y retira el aro con cuidado.

Puedes añadir un poco de salmón ahumado en tiras, incluso, añadir un poco de yogur batido si te gustan los sabores contrastados.

7.

¿TE APETECE PASTA? PRUEBA ESTA CON AGUACATE Y ALBAHACA

La pasta es saludable. No siempre se acompaña de salsas extra calóricas. La pasta integral aporta más fibra. El aguacate ya sabemos que es uno de los superalimentos de moda.

INGREDIENTES: 4 PERSONAS / 15 MINUTOS
320 g de macarrones integrales
1 aguacate
50 g de aceitunas negras
Un puñado de hojas de albahaca
1/2 limón
4 cucharadas de aceite de oliva
40 g de queso parmesano
Sal y pimienta

PREPARACIÓN:
1. Pela el aguacate, pártelo por la mitad y retira el hueso. Tritura la pulpa en el vaso de la batidora, junto con el zumo del medio limón, 3 cucharadas de agua, sal y pimienta.
2. Prepara el aceite de albahaca. Lava un puñado de hojas de albahaca y tritúralas con el aceite de oliva y una pizca de sal.
3. Corta las aceitunas deshuesadas en rodajas.
4. Saca virutas del queso parmesano con ayuda de un pelador y resérvalas.
5. Cuece la pasta en abundante agua salada hasta que esté al dente (respeta el tiempo indicado por el fabricante). Escúrrela bien y disponla en un cuenco grande.
6. Incorpora la crema de aguacate y remueve unos instantes.
7. Reparte esta preparación en 4 platos llanos, rocíala con el aceite de albahaca, añade las aceitunas y sírvela enseguida decorada con las virutas de queso parmesano.

8.

PASTA CON JAMÓN, ESPÁRRAGOS Y ALCACHOFAS

Los **espárragos verdes** tienen **muy pocas calorías y aportan mucha fibra**, también vitaminas, sobre todo A, B1, B2, B6, C y E; y minerales (magnesio, fósforo, calcio y potasio). Y las alcachofas contienen fósforo, hierro, magnesio, calcio, potasio y vitaminas (B1, C y niacina, un tipo de vitamina B).

INGREDIENTES: 4 PERSONAS / 55 MINUTOS
Espárragos verdes
Pasta corta
1 limón
Alcachofas
Jamón serrano (puedes sustituir por **fiambre de pavo**)
Almendras
Ajo
Perejil
Sal y aceite

PREPARACIÓN:
1. Limpia, lava y corta en gajos 4 alcachofas. Cuécelas en agua salada y con el zumo de limón, 10 min.
2. Cuece 350 g de pasta en agua salada, hasta que esté al dente. Escúrrela.
3. Limpia un manojo de espárragos, lávalos y saltéalos 2 min en un fondo de aceite.
4. Mezcla el ajo pelado y picado con 20 g de almendras y las alcachofas escurridas.
5. Sazona, añade la pasta y sirve con unas lonchas de jamón y perejil.

9.

ENSALADA DE ARROZ

Esta receta mejora tu salud y puedes hacerla durante el aislamiento para mantener una dieta equilibrada. Las dos categorías principales son el arroz integral y el arroz blanco, pero **existen miles de variedades entre las que te sonarán el arroz salvaje, el rojo o el basmati**. Los beneficios del arroz para tu salud se notan en la piel, intestino, sangre, metabolismo, niveles de energía, presión arterial, digestiones o sistema inmunitario.

INGREDIENTES: 4 PERSONAS / 20 MINUTOS
Arroz al gusto
Espinacas
Aceitunas
Tomates
Anchoas

PREPARACIÓN:
1. Sofríe una cebolla y un ajo.
2. Añade el arroz, riega con caldo en la proporción que necesite la variedad de arroz elegida y deja cocer el tiempo suficiente.
3. Escurre y sirve.
4. Agrega aceitunas, anchoas, espinacas y tomates troceados.
5. Sirve la **ensalada** fría, aliñada con aceite, sal y vinagre balsámico.

10.

HUEVOS REVUELTOS CON ESPÁRRAGOS VERDES Y TIRAS DE JAMÓN

El huevo es una gran fuente de vitamina B12 (cobalamina), concentrada principalmente en la yema. También aporta vitamina B1, B2, niacina, ácido fólico, vitaminas A, D y E.

INGREDIENTES: 4 PERSONAS / 25 MINUTOS

4 huevos
1 manojo de espárragos tiernos
1 diente de ajo
40 g de jamón de pato o de jamón Ibérico (opcional o sustituible por fiambre de pavo o jamón york)
2 cucharadas de aceite de oliva
Flores
Sal
Pimienta

PREPARACIÓN:

1. Limpia los espárragos eliminando la parte más dura del tallo. Trocea los más grandes.
2. Pela el ajo y pícalo.
3. Calienta el aceite en una sartén y saltea el ajo y los espárragos de 2 a 4 minutos dependiendo del grosor.
4. Casca los huevos en un cuenco, sálalos y bátelos.
5. Añádelos a la sartén con los espárragos y, a fuego lento, remueve un minuto hasta que cuajen. Sirve el revuelto en platos y decora con tiras de jamón.

11.

ENSALADA DE GARBANZOS CON ATÚN

Las legumbres siempre aportan beneficios a tu salud. **Y en conserva son perfectas para consumirlas sin invertir demasiado tiempo en cocinarlas**. Los garbanzos son una fuente de vitaminas del grupo B, sobre todo, aportan ácido fólico y vitamina A y un poco de vitamina C. También tiene muchos ácidos nucleicos.

INGREDIENTES: 4 PERSONAS / 15 MINUTOS
300 g de garbanzos cocidos
12 tomates cherry
1 /2 cebolleta
1 mazorca de maíz cocida
1 bolsa de canónigos
1 lata de atún en aceite de oliva
Orégano
4 cucharadas de aceite de oliva
Pimienta
2 cucharadas de vinagre de Jerez
Mostaza
Sal

PREPARACIÓN:
1. Limpia la cebolleta y pícala.
2. Lava los tomates y córtalos en gajos.
3. Tuesta la mazorca entera en la plancha, dándole la vuelta a medida que se dore. Extrae los granos con la ayuda de un cuchillo.
4. Enjuaga los garbanzos y mézclalos con el maíz, los tomates, la cebolla, los canónigos lavados y el atún escurrido.
5. Tapa esta mezcla y déjala reposar en el frigorífico unos 30 min.
6. Mientras, prepara una vinagreta: bate 1 cucharadita de mostaza con el vinagre, sal y pimienta. Añade el aceite y una pizca de orégano y vuelve a batir hasta que obtengas una salsa emulsionada.
7. Sirve la ensalada de garbanzos aliñada con la vinagreta.

12.

POLLO SALTEADO CON VERDURAS Y ALMENDRAS

Esta receta es saludable y muy apetecible en sabor y color. Además, la mezcla de texturas resulta agradable al paladar. **Añadir frutos secos a los platos**, como en este las almendras, es un extra rico en fibra. Lo bueno de este plato es que puedes usar las verduras que ya tengas en casa.

INGREDIENTES: 4 PERSONAS / 35 MINUTOS
400 g de pechuga de pollo
100 g de zanahoria
150 g de espárragos verdes
El zumo de 1/2 limón
150 g de judías verdes
1 calabacín
Salsa de soja
1 cebolla morada
40 g de almendras
Una ramita de tomillo
2 cucharadas de aceiten de oliva virgen
100 g de ajos tiernos

PREPARACIÓN:
1. Limpia los espárragos y retira la base de su tallo.
2. Pela las zanahorias, lávalas y parte en tiras.
3. Despunta las judías y limpia los ajos. Trocea las verduras.
4. Lava el calabacín y córtalo en rodajas.
5. Pela la cebolla y pártela en plumas.
6. Cuece las zanahorias en agua salada 5 min, las judías 7 min y los espárragos 3 min.
7. Saltea el pollo cortado en tiras en el aceite, 3 min.
8. Añade los ajos, la cebolla, las almendras y el calabacín y prosigue la cocción 2 min.
9. Incorpora las zanahorias, las judías y los espárragos y cuécelos 2 min.
10. Vierte el zumo de limón, 1 cucharada de salsa de soja y el tomillo lavado, saltea unos 2 min más y sírvelo.

13.

CALAMAR CON VERDURAS

Echa un vistazo al pescado congelado que tengas y aprovéchalo en esta época de confinamiento. También puedes pedir pescado ONLINE y aprovechar para beneficiarte de los beneficios que tiene. El calamar concretamente es un alimento bajo en mercurio.

INGREDIENTES: 4 PERSONAS / 15 MINUTOS

4 calamares medianos
2 zanahorias
1 calabacín
1 cebolleta
1/2 pimiento verde
1 diente de ajo
1 ramita de perejil
3 cucharadas de salsa de soja
4 cucharadas de aceite de oliva
Pimienta
Sal

PREPARACIÓN:

1. Limpia la verdura y pela las zanahorias. Córtalas en tiras finas con una mandolina.
2. Pela el ajo y pícalo.
3. Saltea la verdura en 2 cucharadas de aceite, durante 1 min, sin dejar de remover con una cuchara de madera. Agrega el ajo y la salsa de soja, saltea todo junto unos segundos más, retira y resérvala.
3. Limpia los calamares, lávalos y salpimiéntalos. Dora los calamares en el aceite restante durante 2 o 3 min por cada lado, hasta que se hagan por dentro.
4. Reparte la verdura en 4 platos, añade los calamares y sírvelos, en seguida, espolvoreados con el perejil lavado y picado.

14.

RAPE CON SALSA DE ALMENDRAS

Una receta que mejora la salud y te cuida con pescado, en este caso rape, pero que puedes hacer con cualquier variedad de pescado blanco que tengas en casa. El pescado blanco es fuente de omega 3 y recibe este nombre por el color blanquecino de su carne. Tiene poca cantidad de grasa (menos de un 2%).

INGREDIENTES: 4 PERSONAS / 50 MINUTOS
4 lomos de rape
5 tomates
1 cabeza de ajo
2 rebanadas de pan tostado
Sal y pimienta
100 g de almendras tostadas
Perejil
Aceite de oliva virgen
2 cucharadas de vinagre de vino tinto

PREPARACIÓN:
1. Lava los tomates y ponlos en una bandeja de horno con la cabeza de ajo. Hornéalos a 200 °C durante 30 min. Retíralos y déjalos templar.
2. Lava el rape y sécalo.
3. Pela las almendras y reserva algunas.
4. Lava el perejil, escúrrelo y pícalo fino.
5. Trocea el pan y mézclalo con el vinagre.
6. Luego, pela los tomates y los ajos. Tritura estos con la mezcla de pan, el resto de las almendras, 5 cucharadas de aceite, sal y pimienta.
7. Dora el rape, por todos lados, en 1cucharada de aceite, 10 min.
8. Reparte en 4 platos la salsa de almendras, añade el pescado y sírvelo condimentado con sal, pimienta, perejil y las almendras reservadas picadas.

15.

NO RENUNCIES A UN POSTRE QUE MEJORE TU SALUD

El sirope de ágave o la melaza de cereales integrales son mucho más saludables y dulces que el azúcar refinado y contienen enzimas, minerales y vitaminas. Es lo que usamos en esta receta para endulzar: **milhojas de queso fresco y kiwi**.

INGREDIENTES: 4 PERSONAS / 25 MINUTOS

250 g de queso fresco
4 kiwis
4 láminas de pasta filo
4 cucharadas de sirope de agave
60 g de mantequilla o de aceite de girasol

PREPARACIÓN:

1. Precalienta el horno a 180 °C.
2. Derrite a fuego lento la mantequilla y pincela la pasta filo con la mantequilla derretida. Si lo prefieres, reduce calorías y grasas saturadas usando la misma cantidad de aceite de girasol.
3. Dobla cada lámina de pasta filo sobre sí misma formando una tira larga y estrecha, de unos cinco centímetros de ancho.
4. Corta cada tira de pasta filo en tres porciones iguales para obtener tres rectángulos idénticos.
5. Prepara una bandeja de horno con papel sulfurizado.
6. Coloca la pasta filo encima y hornéala unos 12 minutos, hasta que empiece a dorarse. Retira del horno y deja que se enfríe.
7. Corta el queso fresco a dados pequeños de aproximadamente 2 cm.
8. Pela los kiwis y córtalos a rodajas de aproximadamente medio centímetro de grosor.
9. Monta el milhojas. Empieza rellenando la capa de la base de pasta filo con el queso fresco y el kiwi. Después rocía la mezcla con una pizca de sirope de agave. Si no lo encuentras también puedes usar miel de buena calidad o melaza de arroz o de cualquier otro cereal integral sin azúcar añadido.
10. Repite la operación con cada capa de pasta filo.
11. Para servir el milhojas, preséntalo en un plato liso, decora con unos hilos de ágave por encima y sirve inmediatamente.

16.

MILHOJAS DE FRUTAS

Una manera saludable y atractiva de tomar fruta, que tanto aporta a la salud. Te divertirás preparando las milhojas y todos en casa tomaréis fruta durante el confinamiento. Saca partido a las frutas que tengas. Siempre quedará un plato colorido con muchas vitaminas.

INGREDIENTES: 4 PERSONAS / 15 MINUTOS

8 ciruelas amarillas
3 yogures desnatados
4 cucharadas de miel
40 g de nueces peladas
Una ramita de romero
200 g de sandía
200 g de melón
2 ciruelas rojas
2 kiwis
4 hojas de gelatina
50 g de azúcar
2 ramitas de menta

PREPARACIÓN:

1. Remoja la gelatina en agua fría, 10 min. Lleva a ebullición 300 ml de agua con el azúcar. Retira, añade 1 ramita de menta lavada, tapa y deja infusionar 5 min.
2. Filtra, añade la gelatina escurrida y remueve hasta que se disuelva. Deja en la nevera 2 h, hasta que cuaje; remuévela un poco.
3. Corta la fruta. Haz 4 rodajas grandes de sandía con un cortapastas y 4 más pequeñas de melón. Lava las ciruelas y quítales el hueso. Pela el kiwi. Corta ambos a rodajas finas.
4. Monta el postre alternando la fruta con la gelatina de menta y sírvelo decorado con unas hojas de menta lavada.

Comer bien no se logra solo a base de ensaladas sino de una **dieta equilibrada y variada**. Es importante que los platos resulten también atractivos en cuanto a colores y olores (por supuesto, sabores).

Además, debemos quitarnos de la cabeza que los platos no pueden tener grasa, las hay buenas que aportan a nuestro organismo. **Reduce el aceite y úsalo preferiblemente en crudo** (cocinar o aderezar con una cucharada de aceite de oliva virgen es suficiente). Pescados y frutos secos también tienen grasas saludables.